Poules & Cie

× Au point de croix ×

les éditions de saxe

Sommaire

LE POULAILLER
DES COCOTTES

picoti picota
3 p'tits tours
et puis s'en va

FERME COQUETTE

Création Susana de Vivente

Petit poussin

Les poulettes magiques sautillent joyeusement
pour fêter l'arrivée de bébé.

Marie Eléonore
24 mai 2022

Petit poussin

Dimensions

- 16 × 19,7 cm (surface brodée)

Fournitures

- 25 × 28 cm de toile blanche Aïda DMC (7pts/cm)
- Coton à broder mouliné

La broderie

Retrouver la grille ci-après. Centrer le motif sur la toile et broder le **point de croix** (**2** brins de mouliné). Broder ensuite le **point de nœud**, le **point de Smyrne** et le **point lancé** (**1** brin de mouliné).

Personnaliser cette réalisation pour en faire un cadre de naissance, en brodant le prénom et la date de naissance de bébé !

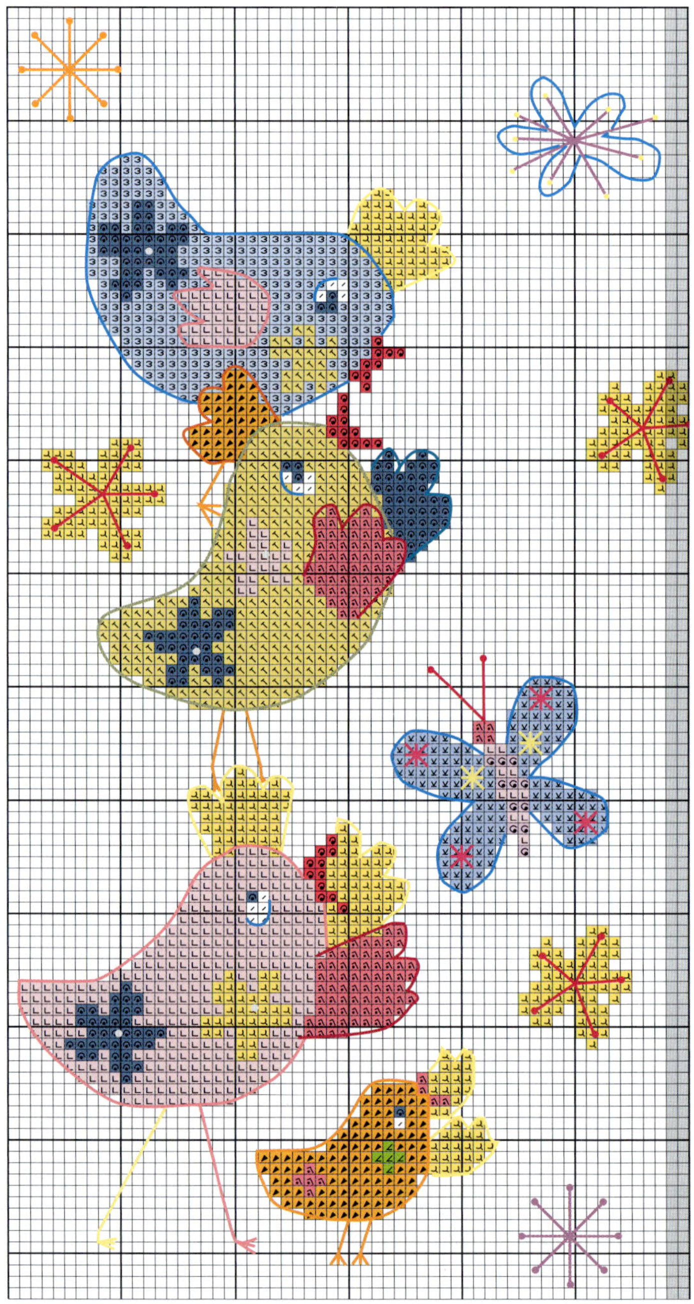

NOMBRE DE POINTS DU MOTIF
138 sur la largeur x 112 sur la hauteur
Dimensions du motif en 7 pts/cm :
19,7 x 16 cm

X	PL	DMC
		3821
		742
		813
		826
		3842
		Blanc
		553
		740
		3716
		891
		956
		704
		445
		309
		721
		957
		3810
		733
point de Smyrne		
		3821
		Blanc
		956
point de nœud		
		3821
		813
		Blanc
		553
		740
		891
		956
		3842

Création Annie Poïlagi
pour Laureline Broderie

Roule ma poule

Une ribambelle de petits œufs
et de jolies poulettes font la danse
sur ce tableau aux couleurs pepsy.

Roule
ma poule
Cot Cot
Cot Cot

Roule ma poule

Dimensions

- 14,8 × 20,8 cm (surface brodée)

Fournitures

- 25 × 31 cm de toile de lin ficelle Zweigart Newcastle, réf. 3348/53 (16 fils/cm)
- Cadre en bois de 21,8 × 27,7 cm
- Coton à broder mouliné

La broderie

Retrouver la grille ci-après. Centrer le motif sur la toile de lin et broder le **point de croix** et le **point arrière** (**1** brin de mouliné, sauf indication contraire) sur **2** fils de toile. Broder ensuite le **point lancé** (**1** brin de mouliné).

Le montage

Centrer le fond du cadre sur l'envers de la broderie et monter le cadre.

NOMBRE DE POINTS DU MOTIF

119 sur la largeur x 167 sur la hauteur
Dimensions du motif en 8 pts/cm :
14,8 x 20,8 cm

X	PA	PL	DMC
			224
	—		310 (2 brins)
		/	725
			898
			3011
			3012
			3831
			3833
			3862
			B5200

Création Véronique Courtois
pour Rouge Antique

Le poulailler des cocottes

Liberty et toile de lin bleu pastel forment un assemblage original et très champêtre.

LE POULAILLER
DES COCOTTES

Le poulailler des cocottes

Dimensions

- *11,5 × 11,8 cm (surface brodée)*

Fournitures

- *29 × 29 cm de toile de lin aquamarine*

Zweigart Newcastle, réf. 3348/7094 (16 fils/cm)

- *13 × 13 cm de ouatine épaisse*
- *25 × 25 cm de tissu Liberty*

Organic Coton Nancy Ann (Rosaleen et Suzan)

- *Bouton « poule »*
- *Ruban de masquage*
- *Cadre en bois de 23 × 23 cm*
- *Passe-partout avec ouverture de 13 × 13 cm*
- *Coton à broder mouliné*

La broderie

Retrouver la grille ci-après. Centrer le motif sur la toile de lin et broder le **point de croix** (**1** brin de mouliné) sur **2** fils de toile. Coudre le bouton « poule ».

Le montage

Habiller le passe-partout en tissu Liberty. Centrer la ouatine sur l'envers de la broderie et la monter dans le cadre avec le passe-partout.

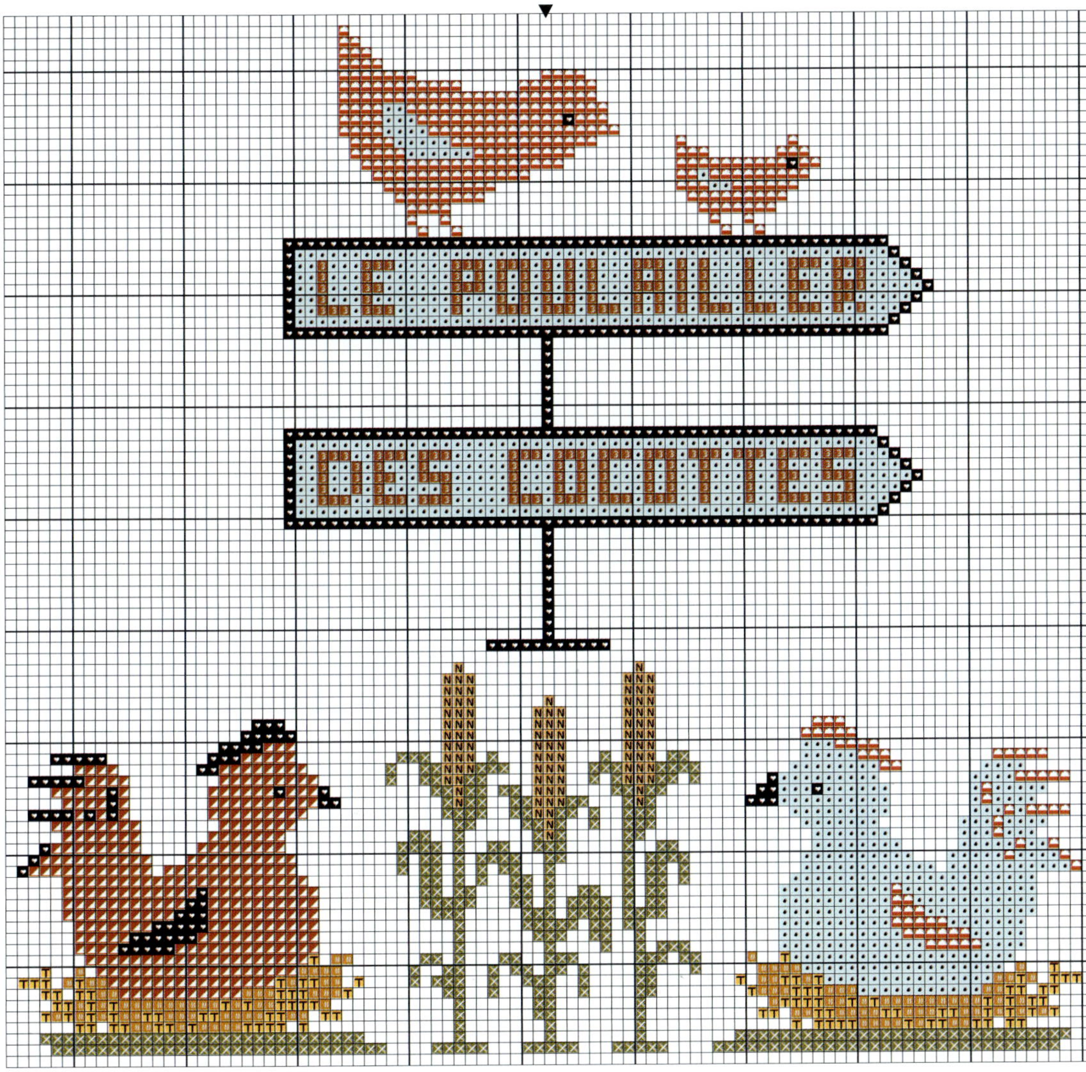

NOMBRE DE POINTS DU MOTIF
95 sur la largeur x 92 sur la hauteur
Dimensions du motif en 8 pts/cm :
11,8 x 11,5 cm

X	DMC	Fils de Nina
N		Amber
II	728	
T	743	
◒	921	
☒		Bark
♥	3799	
◩	3826	
•	B5200	
3		Nougat

Création Manucréa

Nid, œuf, poule

Deux abécédaires country prennent place
sur ce panneau en patchwork en tissus assortis.

ABCDEFG
HIJKLM
Nid
Oeuf
Poule
QRSTUVW
XYZ
abcdefghijk
lmnopqrstu
vwxyz

Nid, œuf, poule

Dimensions

- *14,2 x 27,4 cm (surface brodée)*

Fournitures

- *19 × 31 cm de toile de lin platine Zweigart Edinburgh, réf. 3217/770 (14 fils/cm)*
- *15 × 25 cm de tissu bleu à pois*
- *15 × 35 cm de tissu beige à motifs*
- *25 × 25 cm de tissu gris à motifs*
- *30 × 40 cm de tissu de doublure*
- *30 × 40 cm de ouatine*
- *140 cm de biais fantaisie*
- *Coton à broder mouliné*

La coupe

Les dimensions sont données marges de couture de 0,5 cm comprises.

Dans le **tissu bleu à pois**, couper :

• 2 bandes de 5 x 19 cm

Dans le tissu **beige à motifs**, couper :

• 2 bandes de 5 x 31 cm (pièces des côtés).

Dans le tissu **gris à motifs**, couper :

• 4 carrés de 5 cm de côtés (pièces d'angles).

La broderie

Retrouver la grille ci-après. Centrer le motif sur la toile de lin et broder le **point de croix** (**1** brin de mouliné) sur **2** fils de toile.

Le montage

Avant de procéder à l'encadrement de la pièce brodée, vérifier ses dimensions et recouper les bandes de la bordure si besoin.

Assembler 1 carré d'angle à chaque extrémité des bandes haut et bas.

Assembler 1 bande côté à droite et à gauche de la broderie.

Assembler les 2 bandes, haut et bas, sur la pièce obtenue ci-dessus.

Superposer la pièce ci-dessus, envers vers soi, la ouatine et la doublure, endroit vers soi. Maintenir l'ensemble bien tendu avec des épingles. Faire plusieurs coutures visibles à 0,5 cm le long de toutes les coutures.

Recouper proprement le contour de l'ouvrage puis coudre le biais tout autour.

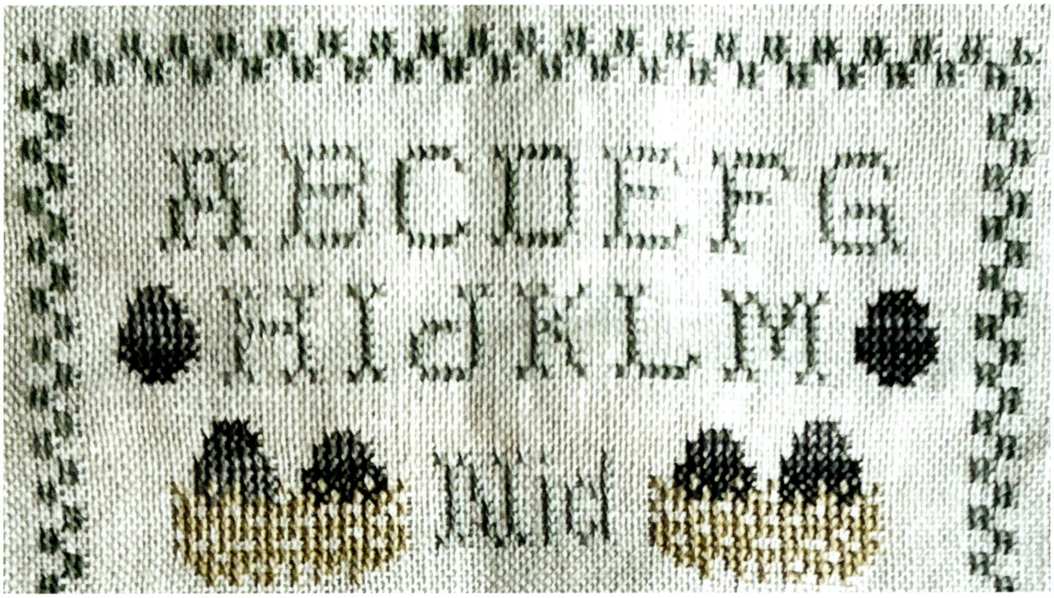

NOMBRE DE POINTS DU MOTIF
100 sur la largeur x 192 sur la hauteur
Dimensions du motif en 7 pts/cm :
14,2 x 27,4 cm

X	Atalie
◪	Onyx
+	Desert
S	Eucalyptus

Nid, œuf, poule

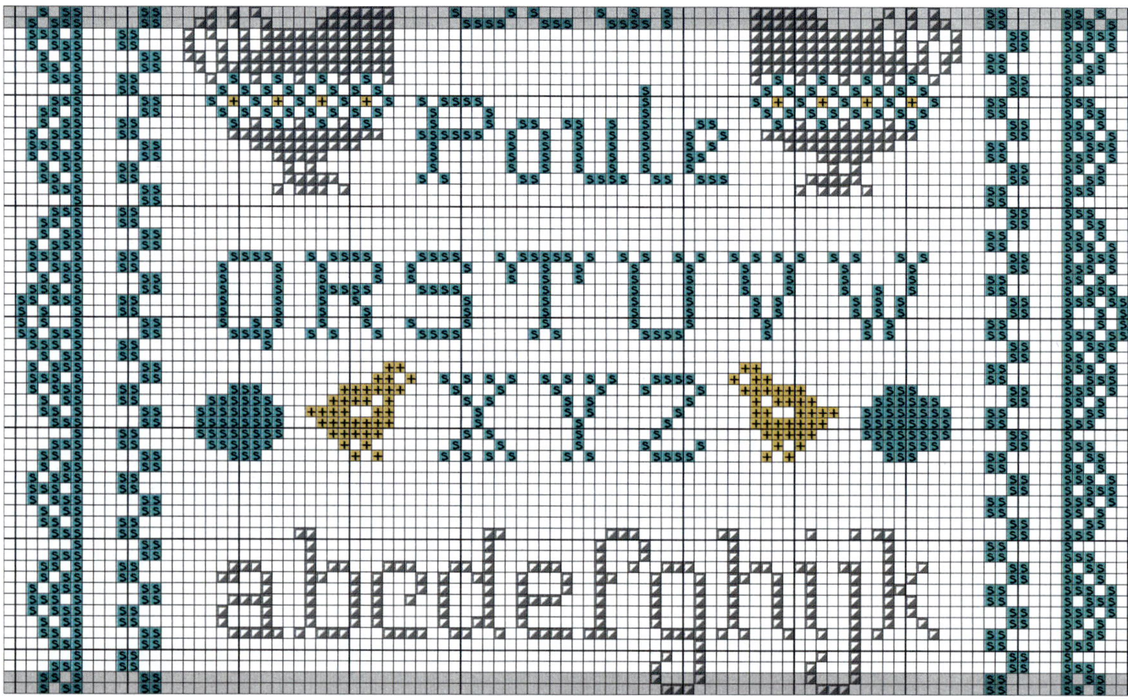

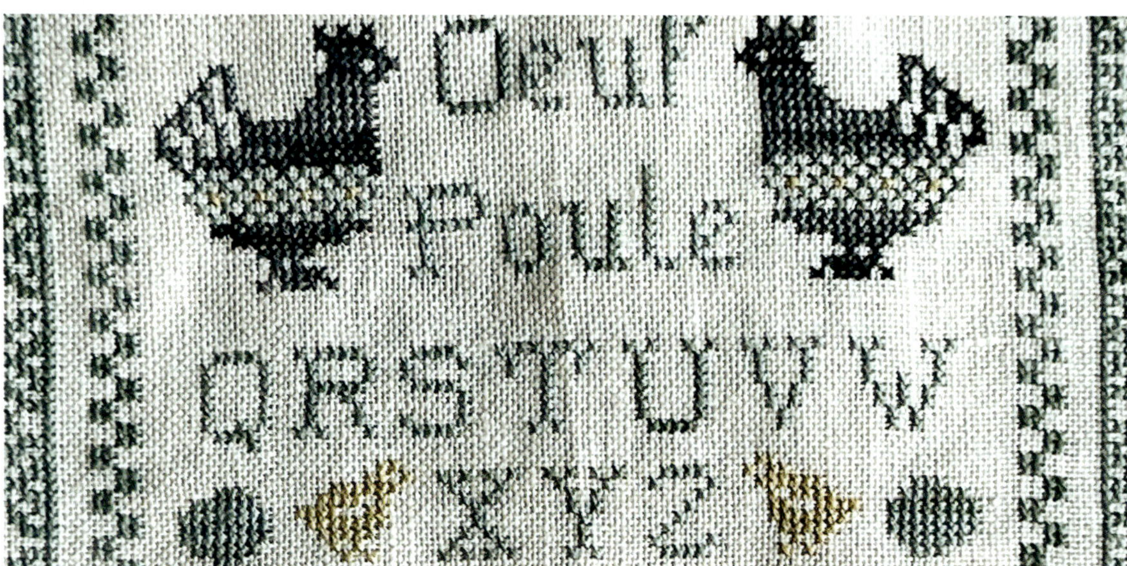

X	Atalie
◩	Onyx
+	Desert
S	Eucalyptus

Création Manucréa

Picoti Picota

Picoti Picota,
un bien joli nom pour ce petit tableau
qui vous fera retomber en enfance.

picoti picota
3 p'tits tours
et puis s'en va

Picoti Picota

Dimensions

- *11,4 x 12,5 cm (surface brodée)*

Fournitures

- *22 × 22 cm de toile de lin platine Zweigart Edinburgh, réf. 3217 /770 (14 fils/cm)*
- *Cadre en bois de 20 x 20 cm avec passe-partout de 13,5 x 13,5 cm d'ouverture*
- *Coton à broder mouliné*

La broderie

Retrouver la grille ci-après. Centrer le motif sur la toile de lin et broder le **point de croix** (**2** brins de mouliné) sur **2** fils de toile.

Le montage

Centrer le fond du cadre sur l'envers de la broderie et monter le cadre.

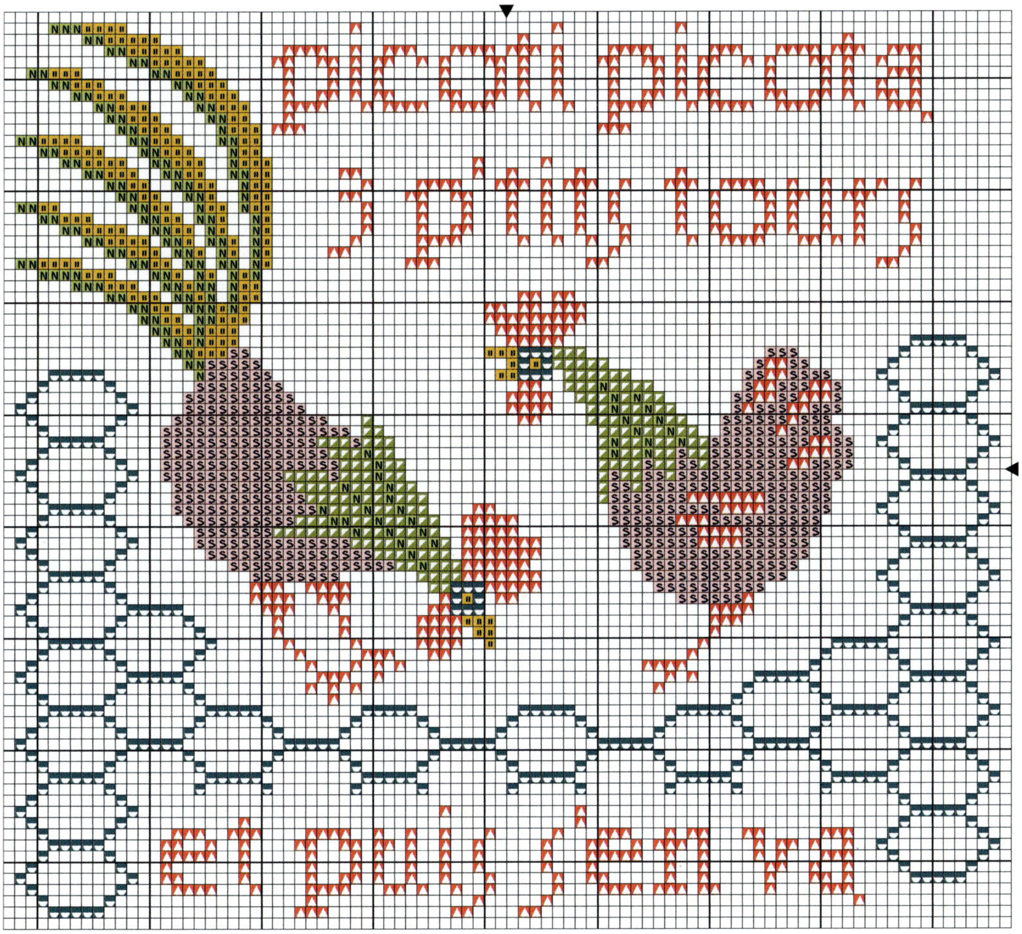

NOMBRE DE POINTS DU MOTIF

88 sur la largeur x 80 sur la hauteur

Dimensions du motif en 7 pts/cm :

12,5 x 11,4 cm

X	Cœur à prendre
S	Tati Myriam
▲	Copine Viviane
N	Copine Patricia
◪	Oncle Jules
◒	Tonton Roger
II	Tati Valérie

Création Manucréa

La poule aux œufs d'or

La poule pondeuse nous régale de ses bons œufs bien jaunes.
Quel délice de les manger si frais !

LA POULE
AUX
OEUFS

La poule aux œufs d'or

Dimensions

- 14,2 x 14,8 cm (surface brodée)

Fournitures

- 24 × 24 cm de toile de lin kaki clair
Zweigart Edinburgh, réf. 3217/322 (14 fils/cm)
- Cadre en bois de 20 x 20 cm
- Coton à broder mouliné

La broderie

Retrouver la grille ci-après. Centrer le motif sur la toile de lin et broder le **point de croix** (**1** brin de mouliné) sur **2** fils de toile.

Le montage

Centrer le fond du cadre sur l'envers de la broderie et monter le cadre.

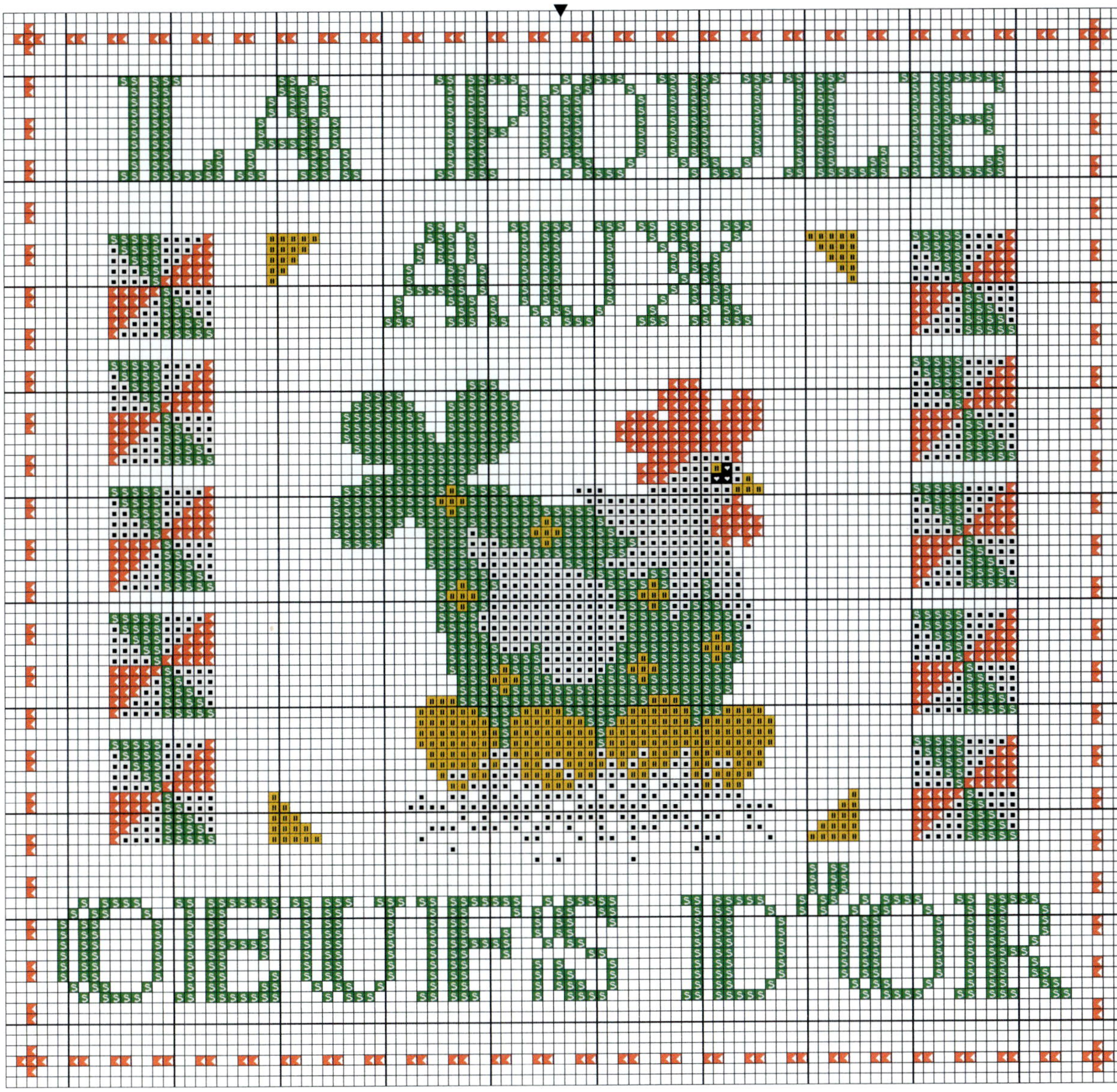

NOMBRE DE POINTS DU MOTIF

104 sur la largeur x 100 sur la hauteur
Dimensions du motif en 7 pts/cm :
14,8 x 14,2 cm

X	DMC	Cœur à prendre
■	Blanc	
◀ (orange)		Copine Viviane
S (vert)		Cousin Vincent
II (jaune)		Tante Sophie
♥	413	

Création Annie Poïlagi
pour Laureline Broderie

Farm

C'est l'agitation à la ferme !
La famille poule et coq se prépare
pour les nouvelles récoltes.

Farm

Farm

Dimensions

- *11,8 × 17,8 cm (surface brodée)*

Fournitures

- *22 × 28 cm de toile de lin ficelle Zweigart Newcastle, réf. 3348/53 (16 fils/cm)*
- *Cadre en bois de 19,8 × 25,8 cm*
- *Coton à broder mouliné*

La broderie

Retrouver la grille ci-après. Centrer le motif sur la toile de lin et broder le **point de croix** et le **point arrière** (**1** brin de mouliné, sauf indication contraire) sur **2** fils de toile. Broder ensuite le **point lancé** (**1** brin de mouliné, sauf indication contraire).

Le montage

Centrer le fond du cadre sur l'envers de la broderie et monter le cadre.

NOMBRE DE POINTS DU MOTIF
95 sur la largeur x 143 sur la hauteur
Dimensions du motif en 8 pts/cm :
11,8 x 17,8 cm

X	PA	PL	DMC
S			645
/			777
◎			814
∩		/	898
X			3011
▶		/	3855
N	—	/	3863
•	—	/	B5200
♥	—	/	310 (2 brins)

Création Susana de Vivente

À table !

Vite, dépêchez-vous de passer à table !
Les volatiles vous attendent
et piaffent d'impatience.

Farm Fresh
Eggs

À table !

Dimensions

- *Nappe : 162 × 189 cm*
- *Serviettes : 45 × 45 cm*

Fournitures

- *179 × 206 cm de toile de lin naturelle quadrillée rouge (11 fils/cm) (pièce* **1** *: nappe)*
- *3 fois 53 × 53 cm de toile de lin naturelle quadrillée rouge (11 fils/cm) (pièces* **2** *: serviettes)*
- *Coton à broder mouliné*

Le montage

Sur la pièce **1**, à 17,5 cm du bord, tirer 4 fils du tissu en s'arrêtant aux angles.
Marquer un ourlet de 8,5 cm, faire un rentré 0,5 cm et broder l'ourlet double avec 1 brin de coton 814.

Sur les pièces **2** faites un ourlet de 2 cm tout le tour.

SCHÉMA DE MONTAGE DE LA NAPPE

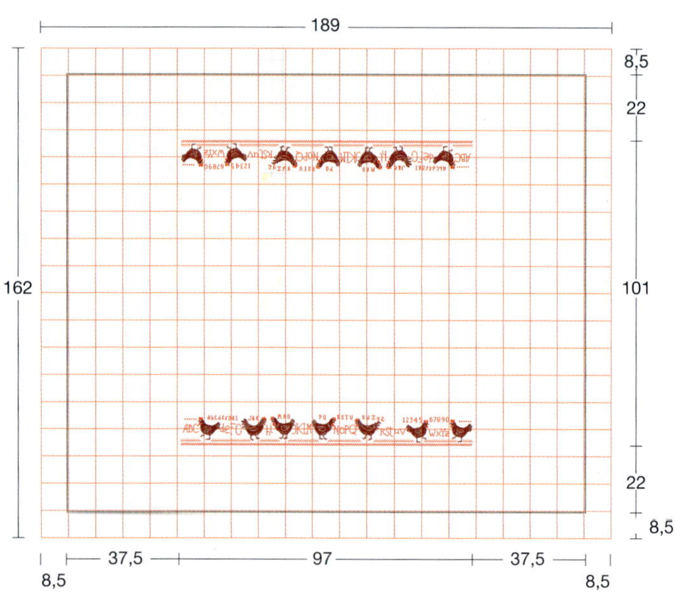

SCHÉMA DE MONTAGE DES SERVIETTES

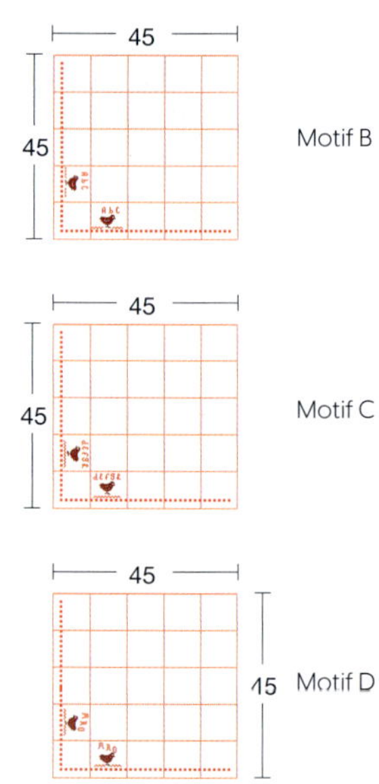

La broderie

Retrouver les grilles ci-après. Broder le motif **A** sur la pièce **1** et les motifs **B**, **C** et **D** sur les **pièces 2**, selon les schémas.

Broder le **point de croix** (**2** brins de mouliné) sur **2** fils de toile. Broder ensuite le **point de nœud** (**2** brins de mouliné).

Motif A

X	DMC
■	814
▲	321
point de nœud	
•	310

NOMBRE DE POINTS DU MOTIF A
536 sur la largeur x 57 sur la hauteur
Dimensions du motif en 5,5 pts/cm :
97,4 x 10,3 cm

À table !

X	DMC
■	814
↑	321
point de nœud	
•	310

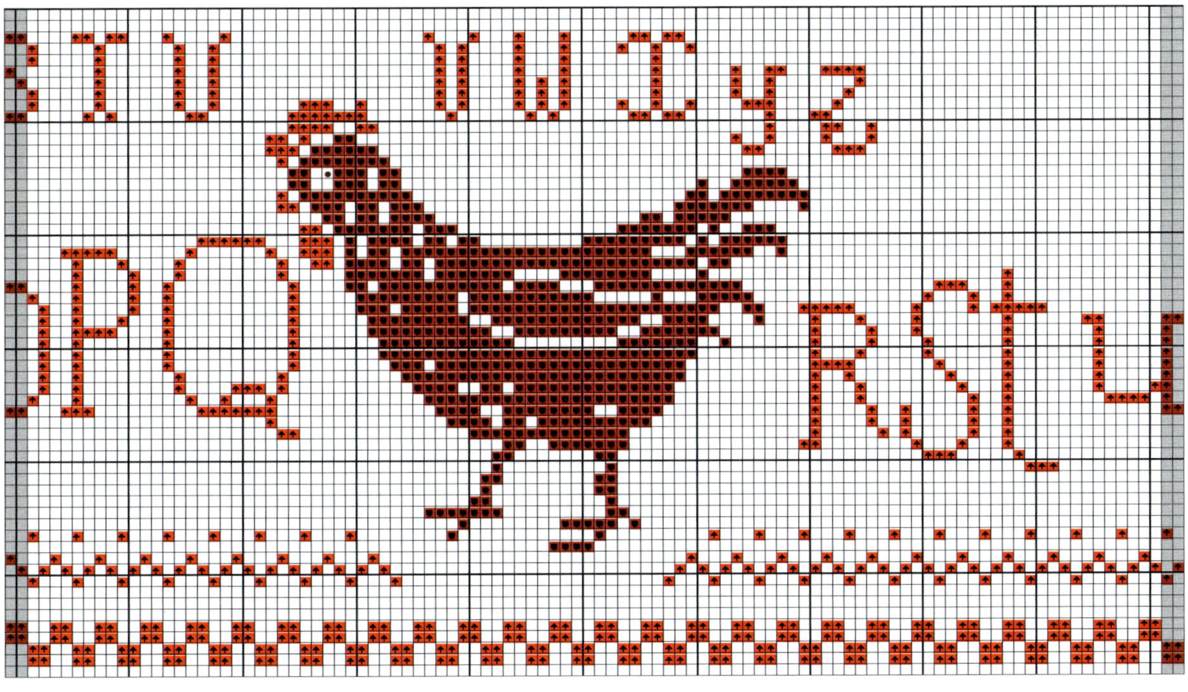

À table !

X	DMC
■	814
▲	321
point de nœud	
•	310

Motifs B

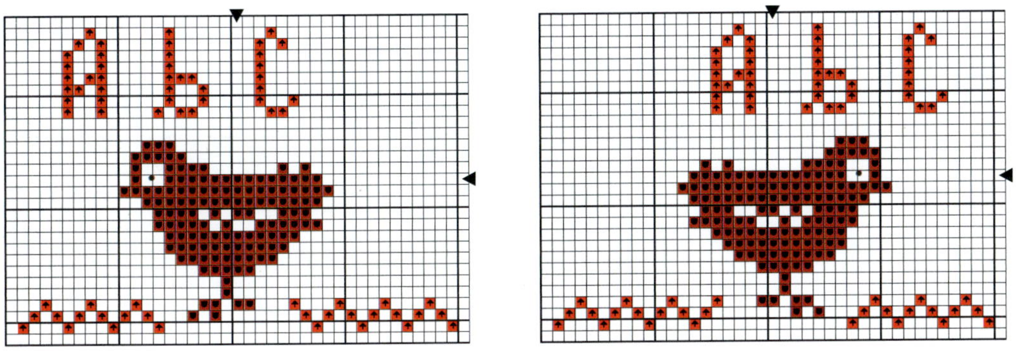

NOMBRE DE POINTS DES MOTIFS B
39 sur la largeur x 27 sur la hauteur
Dimensions du motif en 5,5 pts/cm :
7,1 x 4,9 cm

Motifs C

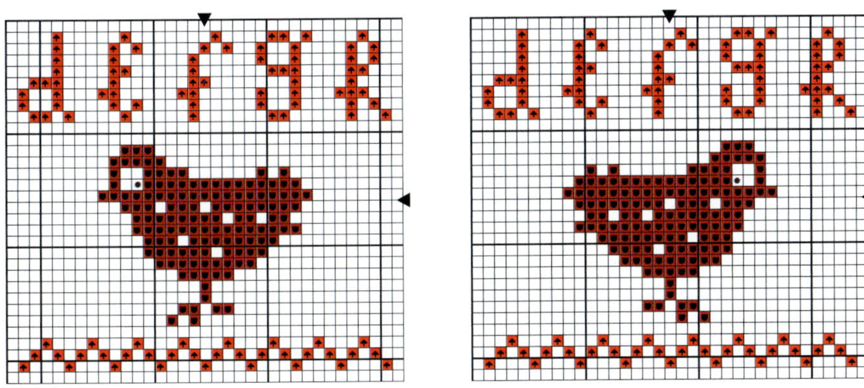

Motifs D

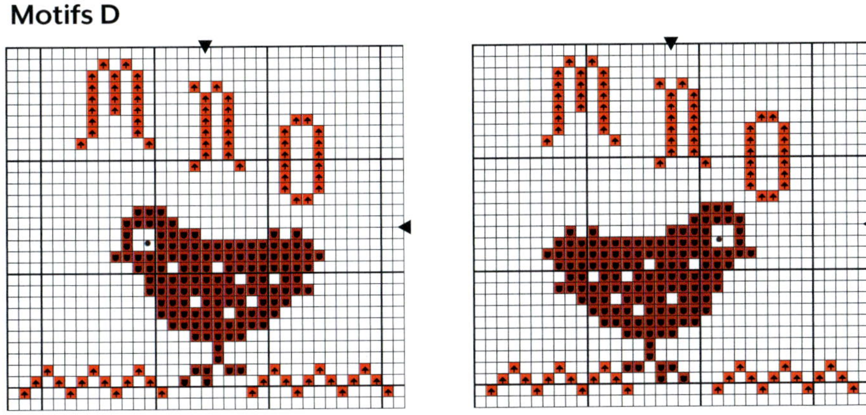

NOMBRE DE POINTS DES MOTIFS C ET D
33 sur la largeur x 30 sur la hauteur
Dimensions du motif en 5,5 pts/cm :
6 x 5,4 cm

Création Annie Poïlagi
pour Laureline Broderie

Piou piou

Cette jolie maison bourgeoise
fait le bonheur de ses habitants et des alentours.

Piou
Piou

Piou piou

Dimensions

- *11,1 × 17,8 cm (surface brodée)*

Fournitures

- *22 × 28 cm de toile de lin ficelle Zweigart Newcastle, réf. 3348/53 (16 fils/cm)*
- *Cadre en bois de 20,5 × 26,5 cm*
- *Coton à broder mouliné*

La broderie

Retrouver la grille ci-après. Centrer le motif sur la toile de lin et broder le **point de croix** et le **point arrière** (**1** brin de mouliné, sauf indication contraire) sur **2** fils de toile. Broder ensuite le **point lancé** et le **point avant** (**1** brin de mouliné, sauf indication contraire).

Le montage

Centrer le fond du cadre sur l'envers de la broderie et monter le cadre.

NOMBRE DE POINTS DU MOTIF
89 sur la largeur x 143 sur la hauteur
Dimensions du motif en 8 pts/cm :
11,1 x 17,8 cm

X	PA	PL	DMC
Λ			223
◓			225
▀			437
/			777
∩			898
X			3011
S			3012
•		/	B5200
	—	/	318
♥	—	/	310 (2 brins)

point avant

	DMC
– –	B5200
– –	898

Création Annie Poïlagi
pour Laureline Broderie

La ruche

C'est l'agitation vers la ruche !
Tous les animaux sont de sortie pour l'évènement.

La ruche

Dimensions

- 11,6 × 17,6 cm (surface brodée)

Fournitures

- 22 × 28 cm de toile de lin ficelle

Zweigart Newcastle, réf. 3348/53 (16 fils/cm)

- Cadre en bois de 23 × 29 cm
- Coton à broder mouliné

La broderie

Retrouver la grille ci-après. Centrer le motif sur la toile de lin et broder le **point de croix** et le **point arrière** (**1** brin de mouliné) sur **2** fils de toile. Broder ensuite le **point lancé** (**1** brin de mouliné).

Le montage

Centrer le fond du cadre sur l'envers de la broderie et monter le cadre.

NOMBRE DE POINTS DU MOTIF
93 sur la largeur x 141 sur la hauteur
Dimensions du motif en 8 pts/cm :
11,6 x 17,6 cm

X	PA	PL	DMC
∩			152
T			223
⅄			224
◒			225
◩		/	437
V	—	/	898
Z		/	3011
S			3012
Ɛ	—	/	3021
▶		/	3855
●	—		B5200

Création Annie Poïlagi
pour Laureline Broderie

Ferme Coquette

Cette ferme est si belle lovée
dans son écrin de verdure.
Tout y est calme et paisible.

FERME COQUETTE

Ferme Coquette

Dimensions

- 11,6 × 17,6 cm (surface brodée)

Fournitures

- 22 × 28 cm de toile de lin ficelle Zweigart Newcastle, réf. 3348/53 (16 fils/cm)
- Cadre en bois de 19,7 × 25,6 cm
- Coton à broder mouliné

La broderie

Retrouver la grille ci-après. Centrer le motif sur la toile de lin et broder le **point de croix** et le **point arrière** (**1** brin de mouliné, sauf indication contraire) sur **2** fils de toile. Broder ensuite le **point lancé** (**1** brin de mouliné).

Le montage

Centrer le fond du cadre sur l'envers de la broderie et monter le cadre.

NOMBRE DE POINTS DU MOTIF
93 sur la largeur x 141 sur la hauteur
Dimensions du motif en 8 pts/cm :
11,6 x 17,6 cm

X	PA	PL	DMC
◓			225
N	—		317
Z			435
⋀			760
/			777
∩			898
S			3011
◀		/	3854
•			B5200
♥	—		310 (2 brins)

Création Annie Poïlagi
pour Laureline Broderie

Alphabet fermier

Un couple de fermiers vous accueille
dans son petit paradis
pour une journée de visite très spéciale.

ABCDEFGHI
JKLMNOPQR
STUVWXYZ

Alphabet fermier

Dimensions

- 14,8 × 20,8 cm (surface brodée)

Fournitures

- 25 × 31 cm de toile de lin ficelle Zweigart Newcastle, réf. 3348/53 (16 fils/cm)
- Cadre en bois de 24,3 × 30,4 cm
- Coton à broder mouliné

La broderie

Retrouver la grille ci-après. Centrer le motif sur la toile de lin et broder le **point de croix** et le **point arrière** (**1** brin de mouliné, sauf indication contraire) sur **2** fils de toile. Broder ensuite le **point lancé** (**1** brin de mouliné).

Le montage

Centrer le fond du cadre sur l'envers de la broderie et monter le cadre.

NOMBRE DE POINTS DU MOTIF

119 sur la largeur x 167 sur la hauteur
Dimensions du motif en 8 pts/cm :
14,8 x 20,8 cm

X	PA	PL	DMC
=			152
◩			225
♥	—		310 (2 brins)
Λ		/	317
S		/	640
◎			814
◓			841
Z		/	898
•	—	/	B5200

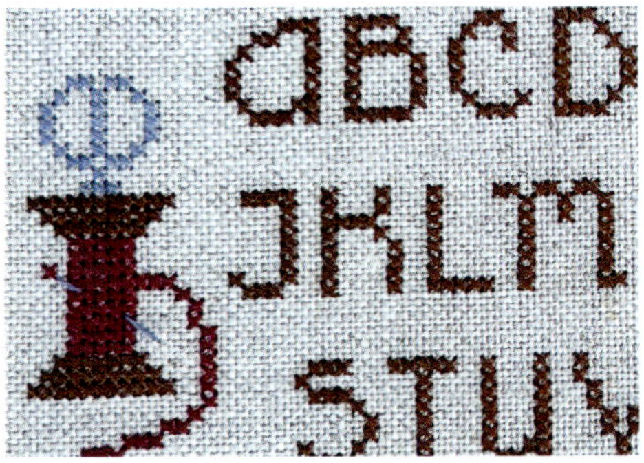

Création Véronique Courtois
pour Rouge Antique

Dans la cuisine

Quelques jolies étagères
exposent la vaisselle du petit-déjeuner.
Un vrai régal pour les yeux…

Dans la cuisine

Dimensions

- 9,8 x 9,8 cm (surface brodée)

Fournitures

- 26 × 31 cm de toile de lin aquamarine Zweigart Newcastle, réf. 3348/7094 (16 fils/cm)
- 10 x 15 cm de ouatine épaisse
- 14 cm de ruban rouge et blanc
- Cadre en bois de 18 × 23 cm
- 1 bouton « mouton »
- Colle blanche pour tissu
- Coton à broder mouliné

La broderie

Retrouver la grille ci-après. Reporter le motif à 9 cm du haut de la toile et en le centrant sur la largeur. Broder le **point de croix** et le **point arrière** (**1** brin de mouliné) sur **2** fils de toile, sauf indication contraire. Broder ensuite le **point lancé** (**1** brin de mouliné). Coudre le bouton « mouton ».

Le montage

Placer le ruban sous le bouton et coller les extrémités. Centrer la ouatine sur l'envers de l'ouvrage et monter le cadre.

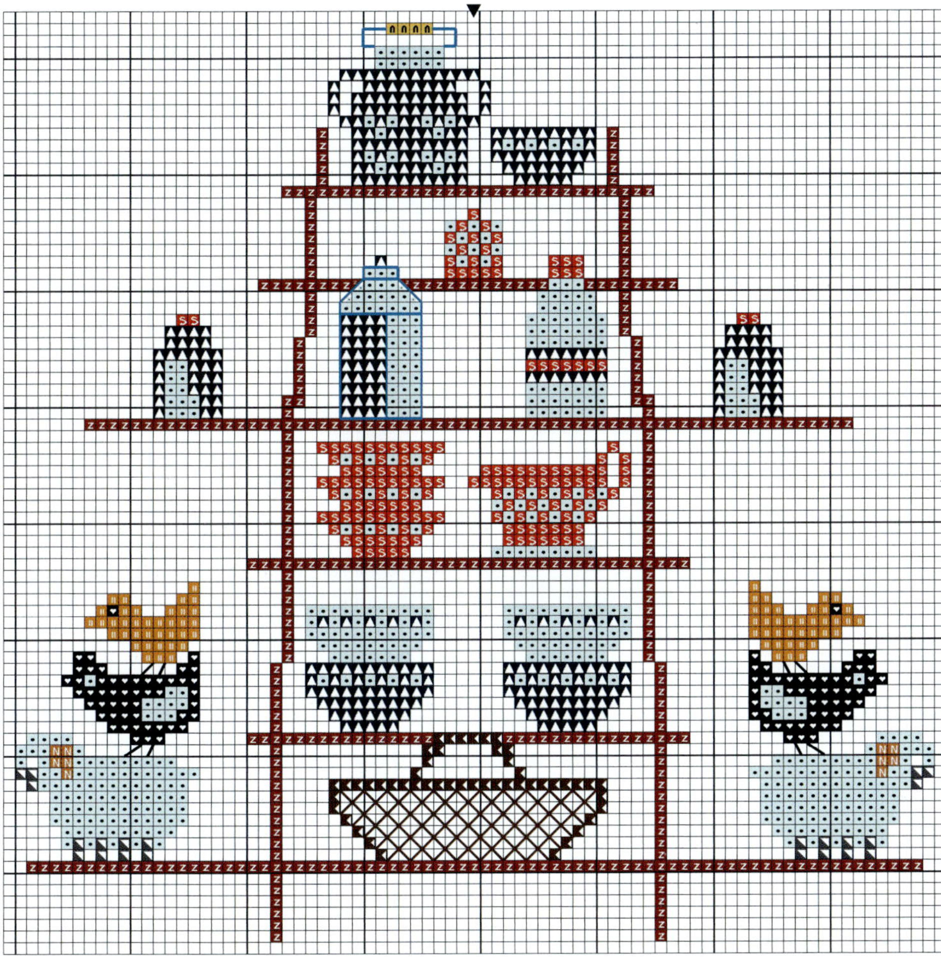

NOMBRE DE POINTS DU MOTIF
79 sur la largeur x 79 sur la hauteur
Dimensions du motif en 8 pts/cm :
9,8 x 9,8 cm

X	PA	PL	DMC
S			349
◣			414
N			436
II			728
Z			816
◀	—		829
▲	—	/	930
♥	—		3799
∩			3822
•			B5200

Point de croix
(sur 1 fil de la toile)

•			B5200

Création Véronique Courtois
pour Rouge Antique

Bienvenue dans la ferme

Cette jolie scène de campagne
vous incitera à partir en promenade
durant les beaux week-ends d'automne.

Bienvenue
Dans la Ferme

Bienvenue dans la ferme

Dimensions

- *18,5 x 21,1 cm (surface brodée)*

Fournitures

- *39 × 45 cm de toile de lin aquamarine Zweigart Newcastle, réf. 3348/7094 (16 fils/cm)*
- *23 x 29 cm de ouatine épaisse*
- *10 x 27 cm de tissu Liberty Fabrics TanaLawn® Annabella (Rosaleen et Suzan)*
- *54 cm de ruban fleuri de 1,5 cm de large*
- *Cadre en bois de 32 × 38 cm*
- *Coton à broder mouliné*

La broderie

Retrouver la grille ci-après. Reporter le motif à 15 cm du haut de la toile et en le centrant sur la largeur. Broder le **point de croix** et le **point arrière** (**1** brin de mouliné) sur **2** fils de toile.

NOMBRE DE POINTS DU MOTIF
169 sur la largeur x 148 sur la hauteur
Dimensions du motif en 8 pts/cm :
21,1 x 18,5 cm

Le montage

Couper le ruban en 2 longueurs égales.

Faire un rentré de 1 cm sur une longueur du tissu Liberty et le placer à 1 cm du haut de la broderie, puis placer un ruban par-dessus et l'autre à environ 1 cm du bas de la broderie. Rabattre les extrémités sur l'envers. Centrer la ouatine sur l'envers de l'ouvrage et monter le cadre.

X	PA	DMC	X	PA	DMC	Fils de Nina
	—	167			829	
S		225			921	
Z	—	347			930	
N	—	413	Y		936	
		469				Jingle Bells
		471			3064	
		611		—	3726	
		640			3774	
		676			3799	
		742			3829	
T		743			3862	
		744	3		3864	
					B5200	

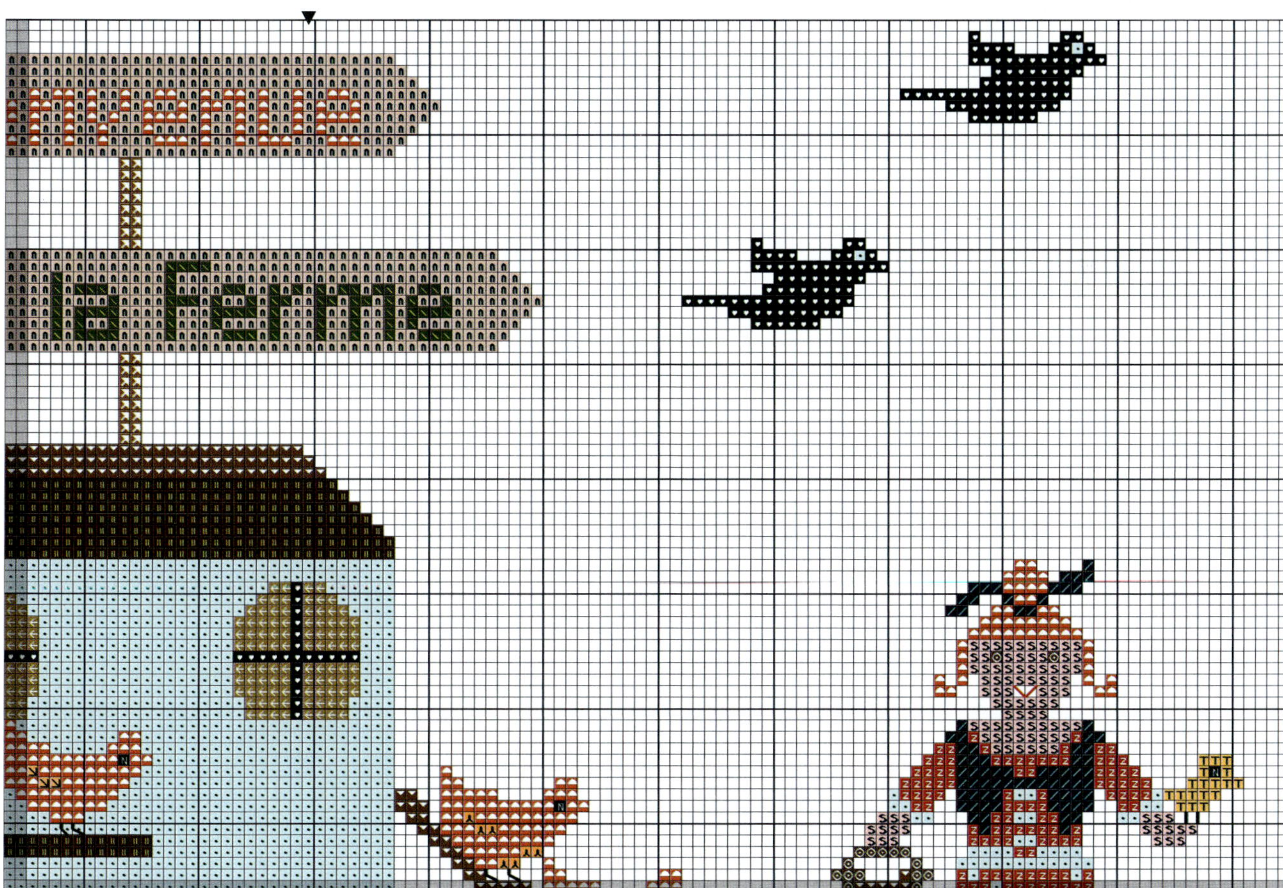

Bienvenue dans la ferme

X	PA	DMC	X	PA	DMC	Fils de Nina
←	—	167	II		829	
S		225	◓		921	
Z	—	347	/		930	
N	—	413	Y		936	
\		469	X			Jingle Bells
//		471	>		3064	
▽		611	✳	—	3726	
◎		640	∩		3774	
↘		676	♥		3799	
⅄		742	↗		3829	
T		743	▼		3862	
V		744	3		3864	
			•		B5200	

Création Véronique Courtois
pour Rouge Antique

Dans le pré

Marguerite, la douce vache et son petit fêtent le printemps, encerclés de fleurs des champs.

Dans le pré

Dimensions

- 8,6 × 17,3 cm (surface brodée)

Fournitures

- 18 × 33 cm de toile de lin aquamarine Zweigart Newcastle, réf. 3348/7094 (16 fils/cm)
- 12 × 17 cm de ouatine épaisse
- 2 fois 12 × 25 cm de tissu Liberty Tana Lawn® Capel (Rosaleen et Suzan)
- Charm « étoile »
- Cadre en bois de 18,5 × 23,5 cm
- Ruban de masquage
- Coton à broder mouliné

La broderie

Retrouver la grille ci-contre. Broder le motif à 4 cm du bas de la toile et en le centrant sur la largeur. Broder le **point de croix** et le **point arrière** (**1** brin de mouliné) sur **2** fils de toile. Broder ensuite le **point lancé** (**1** brin de mouliné). Coudre le charm « étoile ».

NOMBRE DE POINTS DU MOTIF
139 sur la largeur x 69 sur la hauteur
Dimensions du motif en 8 pts/cm :
17,3 x 8,6 cm

Le montage

Plier les 2 bandes de tissu Liberty en deux et les placer en biais à environ 6 cm du bas de la broderie et à 0,5 cm du centre de la broderie. Maintenir les extrémités sur la toile brodée avec du ruban de masquage. Centrer la ouatine sur l'envers de la broderie et monter le cadre.

X	PA	PL	DMC	Fils de Nina
	—		351	
				Jingle Bells
			436	
	—	/	469	
			470	
			603	
			605	
				Desert Rose Light
			742	
			993	
			3799	
	—		3801	
			3822	
				White sheep

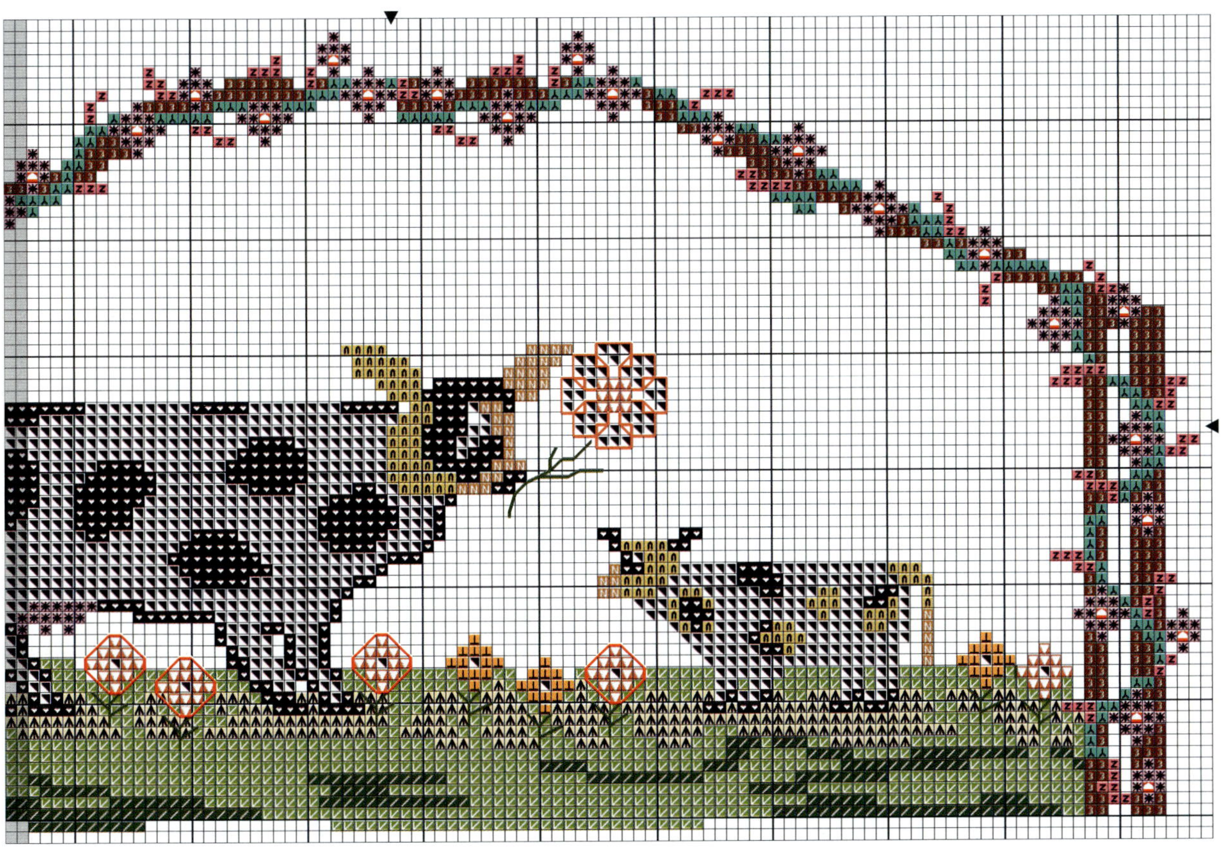

Création Véronique Courtois
pour Rouge Antique

Le chat de la ferme

Ce matou guette, bien installé sur son joli coussin.
N'ayez crainte, rien ne lui échappe !

ARBRE
A CHAT

Le chat de la ferme

Fournitures

- 35 × 45 cm de toile de lin aquamarine Zweigart Newcastle, réf. 3348/7094 (16 fils/cm)
- 19 × 29 cm de ouatine épaisse
- 10 × 34 cm de tissu Liberty Emily Belle Tangerine (Rosaleen et Suzan)
- 35 cm de croquet blanc
- Cadre en bois de 23 × 33 cm
- Ruban de masquage
- Coton à broder mouliné

Dimensions

- 9,1 × 27 cm (surface brodée)

NOMBRE DE POINTS DU MOTIF
216 sur la largeur x 73 sur la hauteur
Dimensions du motif en 8 pts/cm :
27 x 9,1 cm

La broderie

Retrouver la grille ci-après. Broder le motif à 16 cm du haut de la toile et en le centrant sur la largeur. Broder le **point de croix** et le **point arrière** (**1** brin de mouliné) sur **2** fils de toile. Broder ensuite le **point lancé** (**1** brin de mouliné).

Le montage

Faire un rentré de 1 cm sur une longueur du tissu Liberty et le placer à 2 cm du haut de la toile brodée, puis placer le croquet par-dessus et rabattre les extrémités sur l'envers. Centrer la ouatine sur l'envers de l'ouvrage et monter le cadre.

X	PA	PL	DMC	X	PA	PL	DMC	Fils de Nina
Y			353	S			951	
ε	—		413	✕				Nougat
▀		/	414	+			977	
◪			415	▽			987	
◐			469	Λ			3031	
⤢			470	♥	—	/	3799	
▲			726	◓			3801	
=			732	∩			3821	
⤢			742	T			3853	
⤡			782	⧅			3856	
Z			947	•		/	B5200	

Création Susana de Vivente

Pique-épingles

Trois pique-épingles au style très country
feront un immense plaisir à celles à qui vous les offrirez.

Design : Nieves Maria. Photo : © Fernando Bedón

Les oiseaux

Dimensions

- 11 × 13 cm

Fournitures

- 2 fois 12 × 14 cm de toile de lin naturelle (11 fils/cm)
- 50 cm de croquet rouge
- Ouate de rembourrage
- 2 petits boutons « cœur » bleus
- Coton à broder mouliné

La broderie

Retrouver la grille ci-après. Centrer le motif sur la toile de lin et broder le **point de croix** (**2** brins de mouliné) sur **2** fils de toile. Broder ensuite le **point lancé** (**2** brins de mouliné).

Le montage

Placer les 2 pièces de lin, endroit contre endroit, puis coudre 3 côtés, à 0,5 cm du bord, au point arrière avec 2 brins 349. Retourner sur l'endroit et rembourrer. Fermer le dernier côté au point de surjet invisible.

Fixer par quelques points le croquet rouge tout le tour du coussinet en commençant par le milieu haut et terminer par un boucle de suspension.

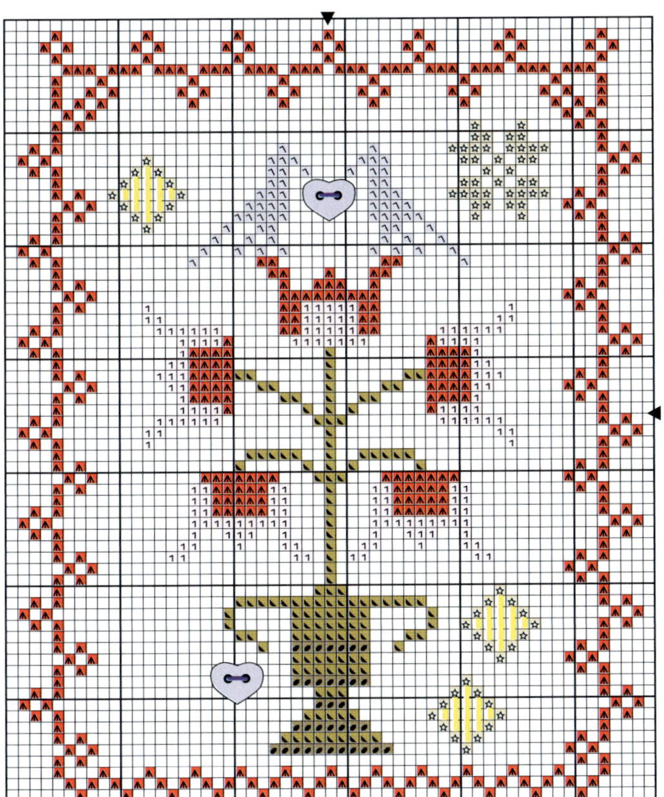

X	PL	DMC
⩚		349
1		819
◣		831
●		3031
☆	/	3855
˥		341

NOMBRE DE POINTS DU MOTIF
55 sur la largeur x 68 sur la hauteur
Dimensions du motif en 5,5 pts/cm :
10 x 12 cm

Pique-épingles

Les personnages

Dimensions

- *9 × 12 cm*

Fournitures

- *2 fois 10 × 13 cm de toile de lin naturelle (11 fils/cm)*
- *15 cm de cordelette rouge*
- *Ouate de rembourrage*
- *1 bouton « cœur » nacré*
- *Coton à broder mouliné*

La broderie

Retrouver la grille ci-contre. Centrer le motif sur la toile de lin et broder le **point de croix** (**2** brins de mouliné) sur **2** fils de toile.

X	DMC
∧	349

NOMBRE DE POINTS DU MOTIF
58 sur la largeur x 49 sur la hauteur
Dimensions du motif en 5,5 pts/cm :
10,5 x 8,9 cm

Le montage

Placer les 2 pièces de lin, endroit contre endroit, puis coudre 3 côtés, à 0,5 cm du bord, au point arrière avec 2 brins 349. Retourner sur l'endroit et rembourrer. Fermer le dernier côté au point de surjet invisible.

Sur la ligne de couture, broder une ligne de points arrière. Glisser une extrémité de la cordelette sur le haut du coussinet et la fixer à l'aide du bouton « cœur » nacré.

L'alphabet

Dimensions

- 4,5 × 19,5 cm

Fournitures

- 2 fois 5 × 20 cm de toile de lin naturelle (11 fils/cm)
- 15 cm de cordelette rouge
- Ouate de rembourrage
- Coton à broder mouliné

La broderie

Retrouver la grille ci-après. Centrer le motif sur la toile de lin et broder le **point de croix** (**2** brins de mouliné) sur **2** fils de toile.

Le montage

Placer les 2 pièces de lin, endroit contre endroit, puis coudre, à 0,5 cm du bord, au point arrière avec 2 brins 349, en laissant une ouverture au centre du haut du coussinet. Retourner sur l'endroit et rembourrer. Glisser une extrémité de la cordelette dans l'ouverture, puis la fermer au point de surjet invisible.

Sur la ligne de couture, broder une ligne de points arrière.

X	DMC
⩚	349

NOMBRE DE POINTS DU MOTIF
105 sur la largeur x 24 sur la hauteur
Dimensions du motif en 5,5 pts/cm :
19 x 4 cm

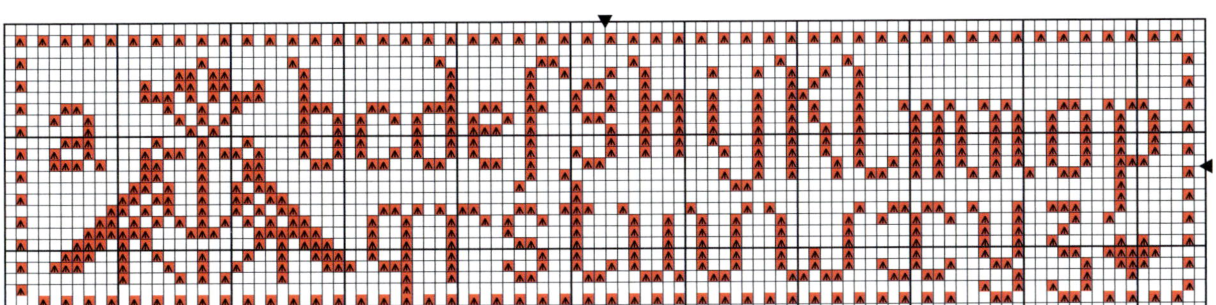

Création Manucréa

Welcome

Ce panneau de bienvenue fera son petit effet lorsque vous recevrez famille et amis.

Welcome
country farm

Welcome

Dimensions

- *11,8 × 15,5 cm (surface brodée)*

Fournitures

- *18 × 21 cm de toile de lin aquamarine Zweigart Edinburgh, réf. 3217/7094 (14 fils/cm)*
- *15 × 25 cm de tissu bordeaux imprimé*
- *15 × 35 cm de tissu rouge imprimé*
- *25 × 25 cm de tissu bleu ciel à pois*
- *28 × 30 cm de tissu de doublure*
- *28 × 30 cm de ouatine*
- *120 cm de biais fantaisie*
- *Coton à broder mouliné*

La coupe

Les dimensions sont données marges de couture de 0,5 cm comprises.

Dans le **tissu rouge imprimé** (tissu **1**), couper :

· 2 bandes de 5 x 21 cm (pièces du haut et du bas).

Dans le **tissu bordeaux imprimé** (tissu **2**), couper :

· 2 bandes de 5 x 18 cm (pièces des côtés).

Dans le **tissu bleu à pois** (tissu **3**), couper :

· 4 carrés de 5 x 5 cm (pièces d'angle).

La broderie

Retrouver la grille ci-après. Centrer le motif sur la toile de lin et broder le **point de croix** (**1** brin de mouliné) sur **2** fils de toile. Broder ensuite le **point lancé** (**1** brin de mouliné).

Le montage

Avant de procéder à l'encadrement de la pièce brodée, vérifier ses dimensions et recouper les bandes de la bordure si besoin. Assembler 1 carré d'angle à chaque extrémité des bandes haut et bas.

Assembler 1 bande côté à droite et à gauche de la broderie.

Assembler les 2 bandes, haut et bas, sur la pièce obtenue ci-dessus.

Superposer la pièce ci-dessus, envers vers soi, la ouatine et la doublure, endroit vers soi. Maintenir l'ensemble bien tendu avec des épingles. Faire plusieurs coutures visibles à 0,5 cm le long de toutes les coutures.

Recouper proprement la contour de l'ouvrage puis coudre le biais tout autour.

NOMBRE DE POINTS DU MOTIF
109 sur la largeur x 83 sur la hauteur
Dimensions du motif en 7 pts/cm :
15,5 x 11,8 cm

X	DMC	X	PL	DMC
	437			975
S	451			976
V	452			3774
	543			3777
N	597	Z		3808
	702			3809
+	704			3821
	721			3822
3	722			3830
	738	•	/	3865
II	926			

Création Susana de Vivente

Au potager

Sac shopping et coussin s'assortissent pour donner à votre terrasse un air bucolique original.

Design : DMC / Photo : © Fernando Bedón

Le sac

Dimensions

- *30 × 44 cm*

Fournitures

- *Un sac de 30 × 44 cm en toile de lin rustique DMC (5,2 fils/cm)*
- *Coton à broder mouliné*

La broderie

Retrouver la grille ci-après. Centrer le motif sur une face du sac et broder le **point de croix** (**6** brins de mouliné) et **point arrière** (**3** brins de mouliné) sur **2** fils de toile.

NOMBRE DE POINTS DU MOTIF

114 sur la largeur x 79 sur la hauteur
Dimensions du motif en 2,6 pts/cm :
43,8 x 30 cm

X	PA	DMC
=		951
◁		727
⅃		741
▶		946
●		900
⊡		772
↖		703
И	—	910
▃	—	3818

Le coussin de chaise

Dimensions

- 9 × 44 cm

Fournitures

- Housse de galette de chaise en toile de lin naturelle d'environ 45 cm de côté
- 15 × 50 de toile de lin rustique bleue DMC (5,2 fils/cm)
- 100 cm de biais vert
- 100 cm de cordon de passementerie bleu
- Coton à broder mouliné

La broderie

Retrouver la grille ci-après. Centrer le motif sur la toile de lin rustique bleu et broder le **point de croix** (**6** brins de mouliné) et le **point arrière** (**3** brins de mouliné) sur **2** fils de toile.

Le montage

Couper le biais et le cordon de passementerie en 2 longueurs égales. Poser le biais sur les longs côtés de la toile brodée, puis par-dessus, coudre le cordon de passementerie.

Coudre l'ouvrage sur la housse de galette de chaise.

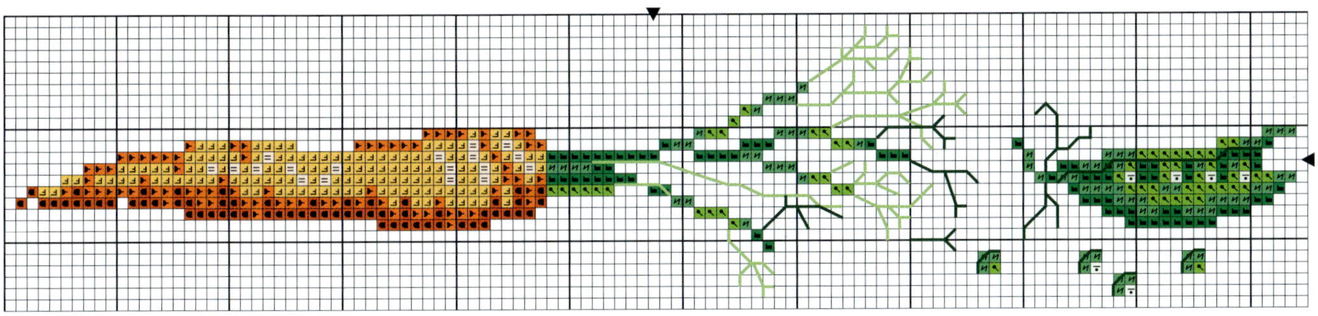

NOMBRE DE POINTS DU MOTIF
113 sur la largeur x 24 sur la hauteur
Dimensions du motif en 2,6 pts/cm :
43,4 x 9 cm

X	PA	DMC
=		951
⅃		741
▶		946
●		900
⊤		772
↖		703
N	—	910
▄	—	3818

Création Susana de Vivente

Sortie champêtre

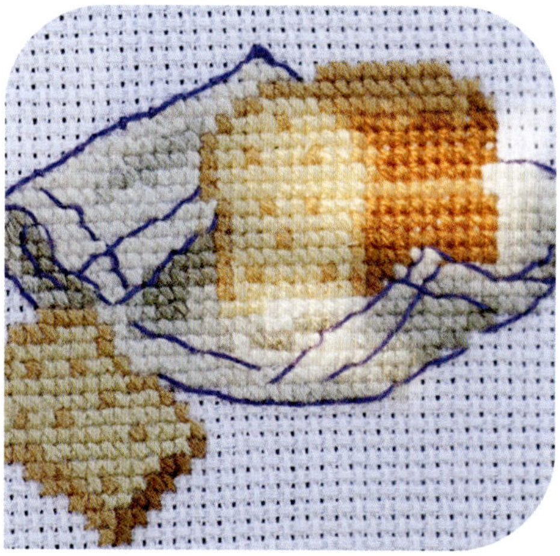

Une promenade en campagne
pour un délicieux pique-nique en famille
et vous serez comblée !

Design : DMC - Photo : © Fernando Bedón

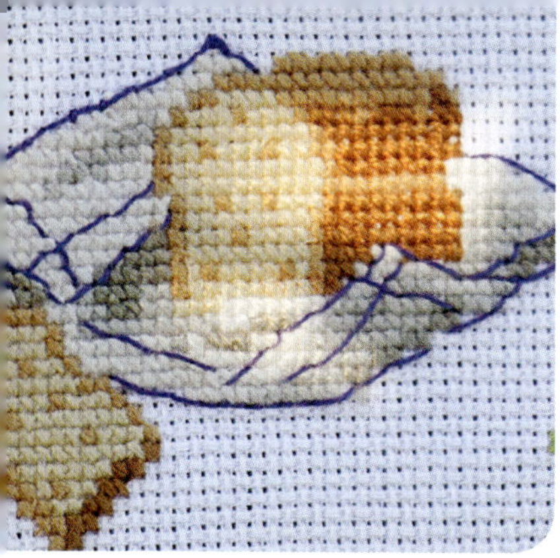

Sortie champêtre

Dimensions

- *Motif A : 13,7 × 18,4 cm (surface brodée)*
- *Motif B : 13,4 × 18,4 cm (surface brodée)*

Fournitures

- *2 fois 25 × 25 cm de toile blanche Aïda DMC (7pts/cm)*
- *120 cm de biais gris*
- *Coton à broder mouliné*

La broderie

Retrouver les grilles ci-après. Centrer chaque motif sur une toile et broder le **point de croix** (**2** brins de mouliné) et le **point arrière** (**1** brin de mouliné). Broder ensuite le **point lancé** (**1** brin de mouliné).

Poser le biais tout le tour des toiles brodées.

Motif A

X	PA	PL	DMC	X	PA	PL	DMC
			666		—		779
	—		304				407
			815				945
	—		3345				3770
			3347				948
			3348				543
	—	/	796				712
			798				742
			809				3820
	—	/	414				3774
			648				Blanc
			3855		—	/	3864
			745				

NOMBRE DE POINTS DU MOTIF A
96 sur la largeur x 129 sur la hauteur
Dimensions du motif en 7 pts/cm :
13,7 x 18,4 cm

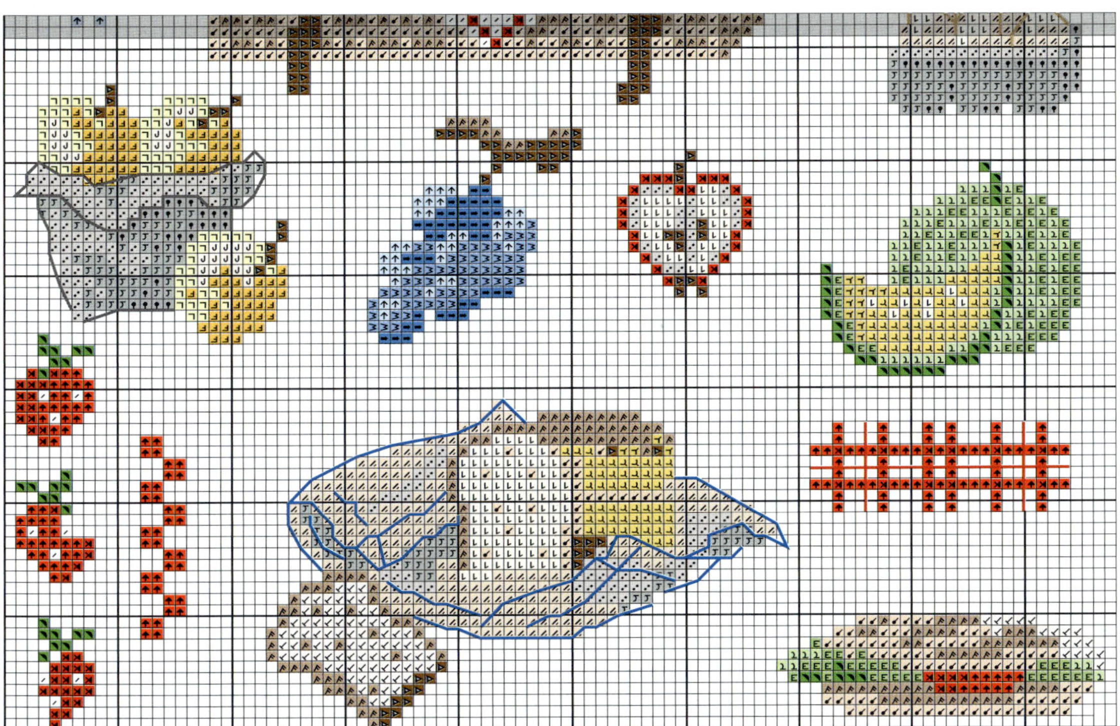

Sortie champêtre

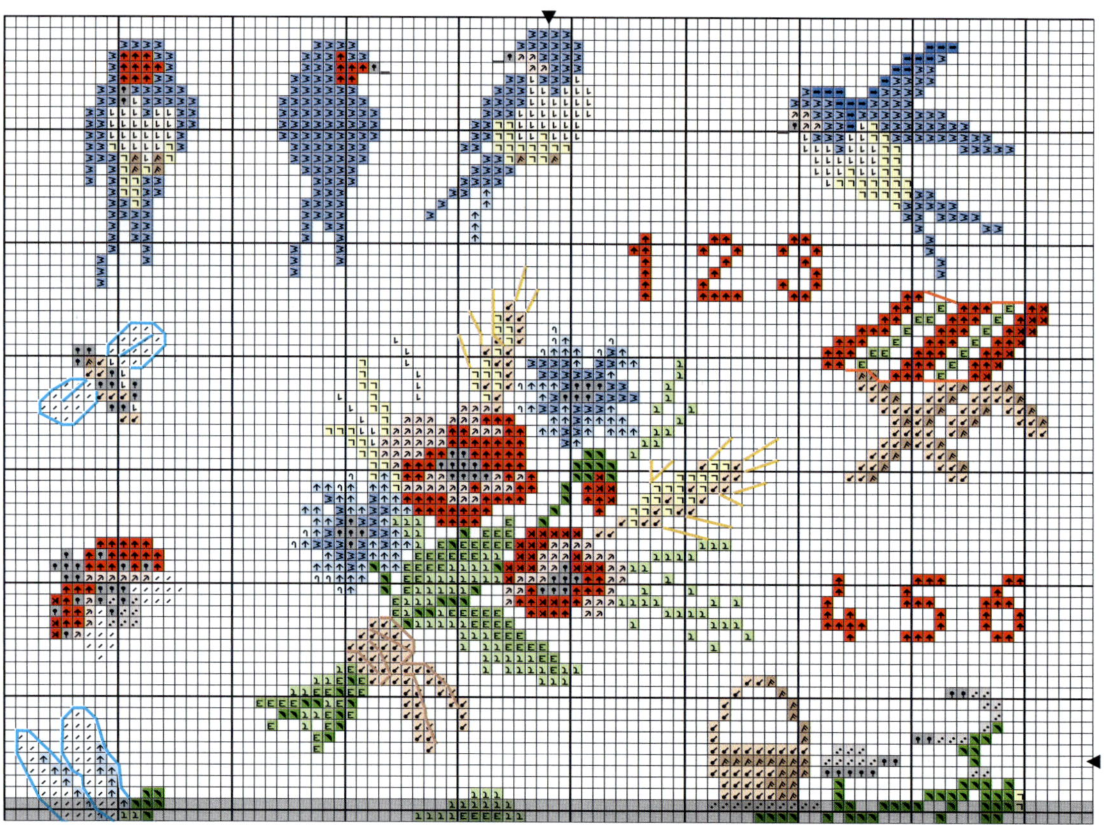

NOMBRE DE POINTS DU MOTIF B

94 sur la largeur x 129 sur la hauteur
Dimensions du motif en 7 pts/cm :
13,4 x 18,4 cm

X	PA	PL	DMC	X	PA	PL	DMC
			353		—		414
			666		—		543
			304				3855
			3345				407
	—		3347				945
			3348				712
	—		796				Blanc
	—		798		—		815
			809		—		435
			3756			/	745

Création Susana de Vivente

Pique-nique

Une fois le pique-terminé,
tout se retrouve bien rangé dans ce joli panier.

Design : DMC. Photo : © Fernando Bedón

Pique-nique

Dimensions

- *13,5 × 18,4 cm (surface brodée)*

Fournitures

- *24 × 28 cm de toile blanche Aïda DMC (7 pts/cm)*
- *Biais gris*
- *Coton à broder mouliné*

La broderie

Retrouver la grille ci-après. Centrer le motif sur la toile de lin et broder le **point de croix** (**2** brins de mouliné) et le **point arrière** (**1** brin de mouliné). Broder ensuite le **point lancé** et le **point de nœud** (**1** brin de mouliné).

Le montage

Recouper la toile selon les dimensions souhaitées et poser le biais tout le tour.

NOMBRE DE POINTS DU MOTIF
95 sur la largeur x 129 sur la hauteur
Dimensions du motif en 7 pts/cm :
13,5 x 18,4 cm

X	PA	PL	DMC
			666
			304
			353
			3345
			3347
			3348
			726
			745
			3823
			801
			434
			435
			436
			945
			3770
			3865
			948
			543
			951
			Blanc
			3855

point de nœud

	801
	304

Création Annie Poïlagi
pour Laureline Broderie

Love country

Le style country a de beaux jours devant lui !
Toutes les passionnées d'art du fil adorent...

LOVE
COUNTRY

Love country

Dimensions

- *16,7 × 22,7 cm (surface brodée)*

Fournitures

- *27 × 33 cm de toile de lin naturelle Zweigart Newcastle, réf. 3348/52 (16 fils/cm)*
- *Cadre en bois de 22,5 × 30,4 cm*
- *Coton à broder mouliné*

La broderie

Retrouver la grille ci-après. Centrer le motif sur la toile de lin et broder le **point de croix** (**1** brin de mouliné, sauf indication contraire) sur **2** fils de toile. Broder ensuite le **point lancé** et le **point avant** (**1** brin de mouliné, sauf indication contraire).

Le montage

Centrer le fond du cadre sur l'envers de la broderie et monter le cadre.

NOMBRE DE POINTS DU MOTIF
134 sur la largeur x 182 sur la hauteur
Dimensions du motif en 8 pts/cm :
16,7 x 22,7 cm

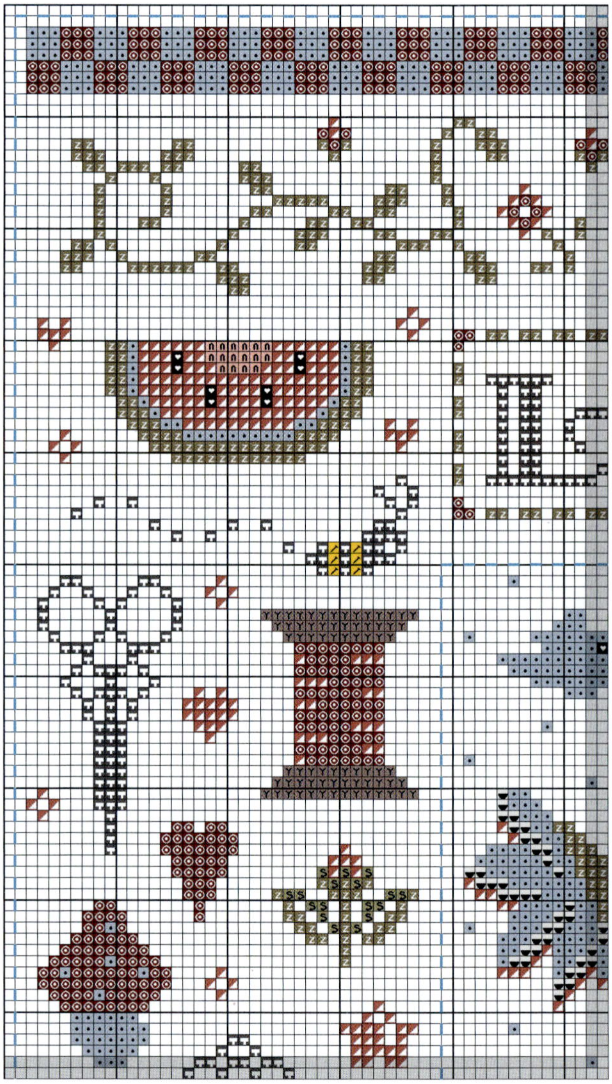

X	PL	DMC
	/	223
		224
	/	310 (2 brins)
		318
		414
		451
		725
		762
		815
		898
		3011
		3012
	/	B5200

point avant

– –	B5200

Love country

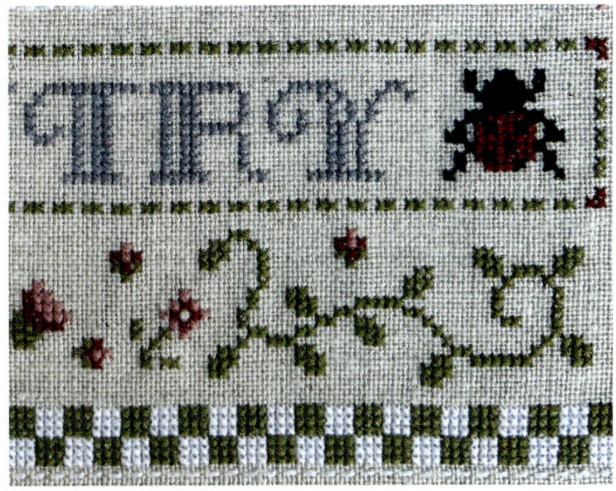

X	PL	DMC
	/	223
∩		224
	/	310 (2 brins)
X		318
		414
Y		451
		725
		762
O		815
V		898
Z		3011
S		3012
•	/	B5200

point avant

— —	B5200

LES GÉNÉRALITÉS TECHNIQUES

Le matériel de base

LES TISSUS

La toile Aïda est la plus utilisée pour exécuter le point de croix à fils comptés. Ce type de toile permet de réaliser des carrés précis et égaux car les fils de trame et de chaîne sont tissés de manière régulière et les trous bien visibles. Pour cette raison, la plupart des brodeurs débutants trouvent cette toile plus facile à travailler.

Les étamines (toile de lin, toiles de coton et coton mélangé comme la Lugana) sont fabriquées à partir de la plante du lin. Robuste et durable, la toile de lin est plus fine que la toile Aïda et chaque point s'exécute en principe sur 2 fils de la trame et de la chaîne.

Les canevas, le papier perforé, les canevas plastiques et la toile tire-fils peuvent également être utilisés pour le point de croix.

LES AIGUILLES

Les aiguilles à broder possèdent un chas large pour éviter que le fil ne s'abîme. Elles sont plus courtes que les aiguilles à coudre ordinaires et existent dans différentes tailles. Plus le numéro d'aiguille est élevé, plus l'aiguille est fine. Les tailles sont numérotées de 1 à 26. Il est important d'adapter l'aiguille en fonction du fil et de la texture du tissu choisis. Une aiguille pour point de croix est assez courte avec un bout rond. Par exemple sur de la toile Aïda 5,5 pts/cm avec 2 brins de coton, il est conseillé d'utiliser les aiguilles à broder n° 24. Pour broder sur une toile plus fine, le chas de l'aiguille doit être plus fin pour ne pas marquer le tissu donc utiliser des aiguilles n° 26. Pour une toile à tissage serré, préférer des aiguilles à bout pointu.

LES TAMBOURS, CADRES ET CISEAUX

Les tambours et cadres à broder existent dans différentes tailles. Les cadres sollicitent moins l'étoffe que les tambours et sont recommandés pour les grands ouvrages. Une fois que l'ouvrage est mis en place, il peut y rester jusqu'à la fin du travail.

Pour la broderie, il faut impérativement utiliser des **petits ciseaux** bien aiguisés pour couper les fils. Pour la coupe des étoffes, les ciseaux de couture de taille moyenne et de bonne qualité conviennent parfaitement.

LE FIL À BRODER

Le choix du fil à broder s'effectue selon le tissu travaillé et l'effet recherché. Les aiguillées doivent avoir une longueur raisonnable de 45 à 50 cm pour faciliter le geste et empêcher l'usure des fibres.

Le coton à six brins appelé Mouliné est le plus utilisé pour le point de croix. Pour le travailler, il est important de séparer tous les brins, puis de reconstituer le nombre de brins requis. Utiliser généralement 2 brins de mouliné pour broder au point de croix et 1 seul brin pour le point arrière ou point de nœud. Son double mercerisage lui confère un aspect d'un brillant exceptionnel. Il se décline en une multitude de coloris garantis grand teint tant à la lumière qu'au lavage.

Le coton perlé, plus épais, est un fil plus facile à travailler pour les débutants. Il ne se dédouble pas et la torsion imprimée au fil lui confère un aspect perlé. Il existe en différentes grosseurs, numéros 3, 5, 8, 12. Le numéro 3, étant le plus épais, s'utilise également en tapisserie.

D'autres fils sont aussi couramment utilisés en broderie, notamment les fils métallisés ou dégradés, les fils de rayonne, les fils de soie ou de lin et bien d'autres encore.

Avant de commencer

LA LECTURE DES GRILLES

Les grilles de point de croix peuvent être :

- en noir et blanc avec des symboles seuls,
- en couleur uniquement,
- en couleur avec des symboles.

Chaque carré de la grille représente un point de croix à broder sur un carré de toile. Chaque grille comporte un tableau de coloris indiquant la correspondance entre la couleur des fils et les types de points d'un côté, et les couleurs et symboles de l'autre côté. Les tableaux de coloris comportent des abréviations pour améliorer la lisibilité :

X = point de croix

½ X = demi-point de croix

PA = point arrière

PN = point de nœud

LA PRÉPARATION DE L'OUVRAGE

Avant de commencer à broder, il faut déterminer la dimension du tissu. Pour réaliser un ouvrage qui demande une grande surface non brodée, veiller à laisser beaucoup de marge de tissu, environ 20 cm. Pour un plus petit ouvrage, laisser au moins 10 cm en plus sur le pourtour du motif.

Pour définir la surface occupée par le motif brodé, utiliser la formule suivante :

$$\frac{\textit{Nombre de points du motif sur la largeur}}{\textit{Nombre de points réalisés sur 1 cm de toile}} = \textit{largeur du motif en cm}$$

Procéder de la même façon pour la hauteur.

Dans notre livre, les grilles sont accompagnées de ces précisions dans un encadré.

Exemple :

Toile Aïda : 5,5 pts/cm

Nombre de points du motif : 154 sur la largeur x 110 sur la hauteur

154 pts/5,5 pts = 28 cm de large

110/5,5 pts = 20 cm sur la hauteur

Il est important de faire ce calcul, notamment lorsque le motif est brodé sur une autre toile que celle préconisée dans le magazine. Si la toile compte un plus grand nombre de points au cm, le motif sera plus petit ; si elle en compte moins il sera plus grand.

Prévoir le tissu en conséquence, puis le couper dans le droit fil. Afin d'éviter les effilochages lors des nombreuses manipulations, les bords doivent être surfilés à la main ou à la machine.

À noter : pour une toile de lin, le nombre de points/cm se détermine selon le nombre de fils de la toile utilisé pour broder un point.

Exemple :

Toile de lin : 11 fils/cm.

Si le motif s'exécute sur 2 fils de la toile de lin, le nombre de points au cm : 11/2 = 5,5 pts

Si le motif s'exécute sur 1 fil de la toile de lin, le nombre de points au cm : 11/1 = 11 pts

Conseils de broderie

CONFECTION D'UN COUSSIN

Centrer le motif (voir ci-dessus) sur l'un des carrés ou rectangles de toile, puis broder en suivant les indications de chaque modèle.

Le travail de broderie terminé, épingler endroit contre endroit le devant brodé et le dos du coussin. Piquer en laissant une ouverture. Retourner sur l'endroit, rembourrer de ouate et fermer l'ouverture à petits points cachés.

CONFECTION D'UN RIDEAU

Déterminer les dimensions de la toile en fonction de la fenêtre à habiller. Centrer le motif ou le positionner en suivant le schéma de placement. Broder en suivant les indications de chaque modèle.

Le travail de broderie terminé, faire un ourlet (à jours ou non) selon ses envies sur le pourtour du rideau. Réaliser des passants sur le haut du rideau pour glisser le système de fixation choisi.

RÉALISATION D'UNE NAPPE

Déterminer les dimensions de la toile en fonction de la table à habiller. Centrer le motif ou le répartir en suivant le schéma de placement. Broder en suivant les indications de chaque modèle. Le travail de broderie terminé, réaliser un ourlet (à jours ou non) selon ses envies sur le pourtour de la nappe.

UTILISATION D'UN TAMBOUR

Son emploi facilite le travail car le tissu est maintenu tendu entre les 2 cercles du tambour et une vis de serrage permet d'adapter la tension au tissu employé. Ainsi les points réalisés sont égaux et uniformes. Une main travaille en passant alternativement dessus et dessous le motif à broder, quand l'autre maintient simplement le tambour.

ENFILAGE D'UNE AIGUILLE

Un enfile-aiguille facilite la tâche, notamment avec un chas très étroit. Une autre méthode permet également de simplifier l'enfilage : faire une boucle à quelques centimètres de l'extrémité du fil. Glisser cette boucle autour du chas de l'aiguille et tirer pour tendre le fil. Dégager la boucle ainsi aplatie du chas de l'aiguille et l'enfiler dans le chas au niveau de la pliure. Cette technique évite que l'extrémité du fil ne s'effiloche.

DÉMARRAGE ET FIN D'UNE AIGUILLÉE

Un ouvrage de broderie doit être aussi soigné à l'envers qu'à l'endroit. Choisir l'une des 2 méthodes proposées pour commencer une aiguillée proprement.

1. le maintien du fil

Commencer en passant l'aiguille de l'envers vers l'endroit du tissu au point de départ, en laissant environ 2,5 cm de fil sur l'envers. Cette extrémité sera ensuite maintenue et dissimulée sous les points suivants.

2. le point en boucle

Cette méthode peut être utilisée uniquement pour des nombres de brins pairs. Avec 2 brins, couper 1 fil de 2 fois la longueur normale (environ 90 cm) et le plier en deux. Introduire les 2 extrémités dans le chas de l'aiguille et piquer l'aiguille sur l'envers au niveau du premier point de broderie, tout en laissant une boucle sur le dessous. Faire passer l'aiguille simultanément au travers du tissu et de la boucle et fixer en tirant doucement les brins de fil.

Pour arrêter le fil, passer l'aiguille sur l'envers sous plusieurs points et couper. Éviter de passer les fils derrière les zones non brodées, car ils se verraient par transparence.

Conseils de finition

OURLETS

Pour un ourlet étroit de 1 cm à double pliage, former un double rentré en pliant les coins en onglet selon les schémas suivants.

1. Marquer l'angle par un fil de bâti et reporter le contour de la toile à 1 cm d'écart pour obtenir une bordure de 3 cm.

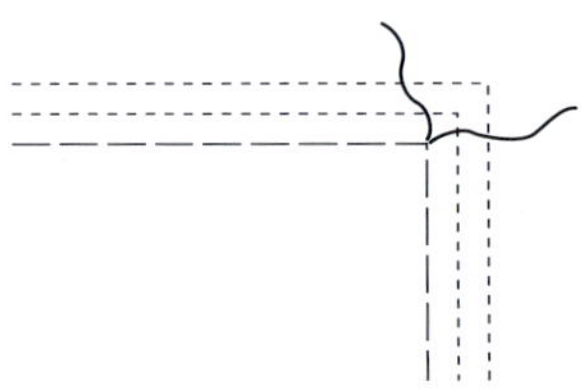

2. Replier l'angle et les bords une première fois selon les flèches.

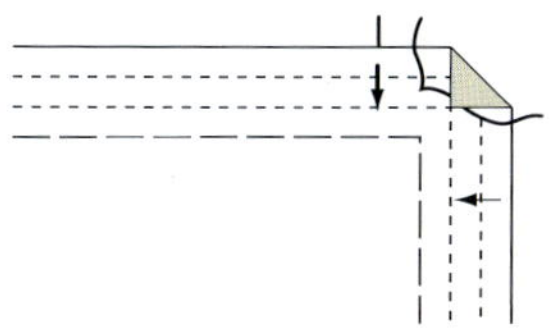

3. Replier la toile une seconde fois, former l'angle et maintenir l'ourlet par un point de piqûre.

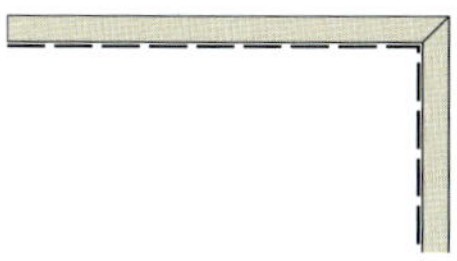

4. Coudre en faisant de petits points à la main ou à la machine avec un fil coordonné ou contrasté selon le rendu souhaité. Pour ajouter de la dentelle à un ourlet simple, bâtir la dentelle froncée ou plate sous le bord de l'ourlet et coudre en place à la main ou à la machine. Les ourlets à jours seront du meilleur effet pour finir un ouvrage brodé.

LAVAGE ET REPASSAGE

Le travail de broderie terminé, laver l'ouvrage à la main avec un détergent doux. Pour un lavage en machine, utiliser également un détergent doux et protéger l'ouvrage par une enveloppe en tissu. Il est préférable de repasser une broderie sur l'envers et sur une surface molletonnée afin que les points conservent leur relief.

ENCADREMENT

Les ouvrages au point de croix peuvent être montés sur des plaques de carton mousse blanc, des planches de fond cartonnées ou tout autre support rigide ou autocollant. Les passe-partout existent dans une grande variété de dimensions et de coloris et sont adaptés aux cadres standard. L'utilisation du verre sur du point de croix est une question de goût personnel, toutefois l'humidité peut s'accumuler derrière le verre et se déposer sur le tissu en provoquant des moisissures. Il faut également s'assurer que le verre ne vienne pas écraser la broderie.

Point de croix (X)

POINT ISOLÉ

Cette méthode est utilisée pour réaliser des points uniques ou brodés avec des fils dégradés. Le premier point est terminé avant d'entamer le point suivant.

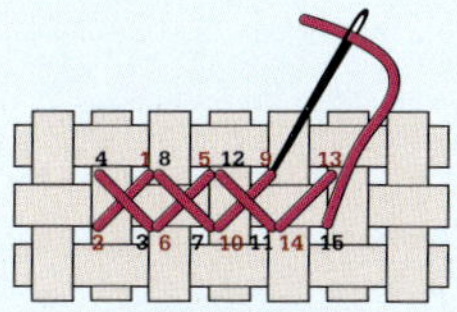

POINT SUCCESSIF

Ce point s'exécute en points lancés obliques montants, dans un premier temps de gauche à droite, et dans un deuxième temps de droite à gauche. Piquer dans les trous des premiers points sans abîmer le fil, afin que les nouveaux points croisent parfaitement les premiers.

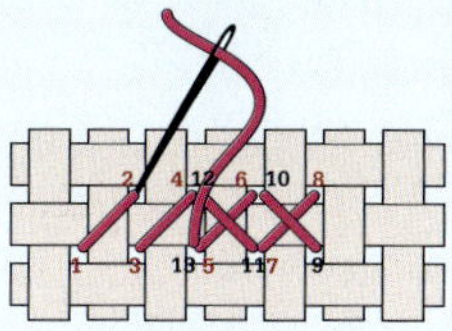

DEMI-POINT DE CROIX (1/2 X)

Le demi-point de croix s'exécute de gauche à droite de la même manière que le premier temps du point successif (sans revenir de droite à gauche).

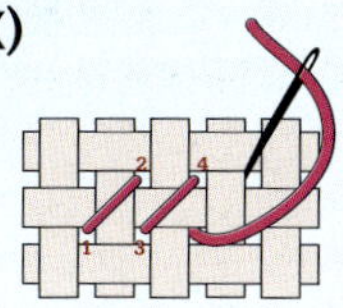

POINT ARRIÈRE (PA)

Ce point est aussi appelé point de piqûre. Il est particulièrement approprié à l'exécution de coutures solides et à la réalisation des contours.

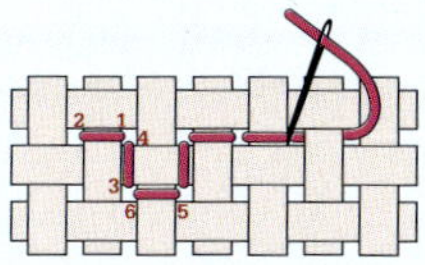

POINT DE NŒUD (PN)

Enrouler le fil 2 ou 3 fois autour de l'aiguille en le maintenant avec le pouce gauche. Tirer doucement l'aiguille et la repiquer juste à côté du point de départ.

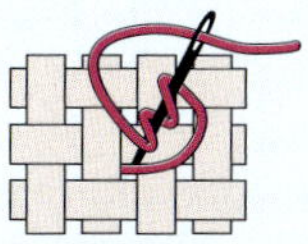

Les bonnes adresses

ATALIE
www.atalie-les-laines.fr

CŒUR À PRENDRE
www.facebook.com/magali.ventre.9
magali.v@cegetel.net
0664851345

VÉRONIQUE COURTOIS
ROUGE ANTIQUE
www.rougeantique.fr

DMC
Tél. 03 89 31 91 88
www.boutique-dmc.fr
www.dmc.fr

MANUCRÉA
www.manucrea.fr

NINA'S THREADS
ninasthreads.eu

ANNIE POÏLAGI
LAURELINE BRODERIE
www.laurelinebroderie.com

ROSALEEN ET SUZAN
www.rosaleenetsuzan.com

ZWEIGART
Liste des dépositaires sur demande
Fronäckerstr. 50
D-71063 Sindelfingen Allemagne
vente@zweigart.de
www.zweigart.de

les éditions de saxe
3 chemin du Torey
69340 Francheville
www.edisaxe.com

Créations : Œuvre collective
Explications et dessins techniques : Evelyne NOBRE
Mise en page : Evelyne NOBRE
Photographe : VR CONCEPT (sauf indication contraire)

POULES & CIE AU POINT DE CROIX
ISSN N° 1287-3187
8643140 - ISBN : 978-2-7565-3738-2
Imprimé en Italie
Dépôt légal : à parution